ERFOLGREICHES STORYTELLING

Tipps für das überzeugende Erzählen Ihrer Geschichte

Verfasst von Nicolas Martin

Übersetzt von Leonie Kremer

Für die Arbeitswelt 50MINUTEN.de

ERFOLGREICHES STORYTELLING

Tipps für das überzeugende Erzählen Ihrer Geschichte

ERFOLGREICHES STORYTELLING

- Ziel: Die moderne Technik des Storytellings richtig anwenden
- Anwendung: Storytelling ist in vielen Bereichen nützlich. Die Grundkenntnisse zu kennen und die verschiedenen Methoden richtig anzuwenden, kann sich deshalb als essentiell erweisen.
- Arbeitskontext: Arbeitssuche, Projektpräsentation, Unternehmenskommunikation, Vermarktung eines Produkts oder einer Dienstleistung.
- FAQs:
  - <u>Wozu dient Storytelling?</u>
  - <u>Wozu braucht man Storytelling im Unternehmen?</u>
  - <u>Wie baut man eine Geschichte auf?</u>
  - <u>Was sind häufige Fehler?</u>
  - <u>Was macht Storytelling so effektiv?</u>
  - <u>Wo findet man Inspiration für Storytelling?</u>

EINLEITUNG

Das Storytelling ist keine neue Kommunikationsmethode, sondern existierte schon im antiken Griechenland, zur Zeit von Homer (8. Jahrhundert v. Chr.). Als Menschen sind wir, und waren es schon immer, empfänglicher für Informationen, wenn sie uns durch eine Geschichte vermittelt wird.

Aber warum ist das so? Vor allem weil eine Geschichte – mehr als jede andere Form der Informationsübermittlung – Gefühle anspricht und den Menschen so auf einer persönlichen Ebene berührt.

Was könnte also effektiver sein, als in unserem hochkommunikativen Umfeld der eigenen Geschichte etwas Charakter und Persönlichkeit zu verleihen, um sich die Aufmerksamkeit der Zuhörer zu sichern? Die heutige Informationsflut erschwert es, einerseits die Informationen zu finden, die man sucht, und andererseits – und vor allem – effizient zu kommunizieren, damit die eigene Nachricht überhaupt eine Chance hat, gehört zu werden.

Storytelling kann deshalb zu einem maßgeblichen Vorteil werden, sowohl im Privatleben als auch im Beruf, vorausgesetzt man ist mit den Hauptprinzipien vertraut. Dabei muss ein angemessenes Gleichgewicht zwischen der Personalisierung und Banalisierung Ihrer Botschaft, zwischen einer praktischen Methode für den Alltag und einem „Markenzeichen" gefunden werden. In erster Linie handelt es sich allerdings um einen sowohl für Sie als auch Ihr Zielpublikum wichtigen kreativen und intellektuellen Prozess. Dabei sollten Sie nicht unterschätzen, welche Kraft Ihre Nachricht hat, Emotionen hervorzurufen. Egal ob bei der Arbeitssuche, einer Projektpräsentation, für die Sie verantwortlich sind, oder bei einer neuen internen Kommunikationsstrategie – mit Hilfe von Storytelling werden Sie Ihre Zuhörer von Ihren Ideen leicht überzeugen!

ERFOLGREICHES STORYTELLING: DIE GRUNDLAGEN

WAS IST STORYTELLING?

Obwohl Menschen seit Anbeginn der Zeit Geschichten erzählen, wurde Storytelling erst in der Mitte der 1990er Jahre in den USA entwickelt. Der Kommunikationsexperte Steve Denning (geboren 1944) hat sich als einer der Ersten mit dem modernen Storytelling auseinandergesetzt und seine eigene Geschichte, die „Zambia Story" (man könnte gar von einer Legende sprechen), geschrieben.

GUT ZU WISSEN: ZAMBIA-STORY

Nachdem Denning weit in der Hierarchie bei der Weltbank vorangekommen war, wurde er 1996 zum Direktor des Wissensmanagements ernannt. Dies war allerdings nur eine vorgetäuschte

Beförderung, denn mit diesem Posten hatte er weniger Einfluss als zuvor. Er versuchte seine Kollegen und Chefs von der Wichtigkeit des Wissensmanagements zu überzeugen, doch seine Bemühungen blieben erfolglos.

In seiner Verzweiflung begann er die Geschichte eines Gesundheitsagenten aus Sambia zu erzählen, der die Antworten auf seine Fragen über die Behandlung von Malaria auf der Internetseite der US-Gesundheitsbehörde des amerikanischen Gesundheitsministers fand. Dank dieser Anekdote gelang es Denning letztendlich, zu verdeutlichen, wie wichtig Wissensmanagement ist und welche Rolle die Weltbank in diesem Bereich spielen könnte.

Denning zufolge ist die klassische Kommunikation in unserer modernen Gesellschaft an ihre Grenze gestoßen, was die Gleichgültigkeit der Allgemeinheit gegenüber den meisten Nachrichten erklärt, mit denen man täglich konfrontiert wird. Denning kritisiert die traditionelle Dreiteilung des überzeugenden Diskurses:

- Problemformulierung
- Problemanalyse
- Lösungsvorschlag

Er empfiehlt einen neuen Aufbau, der auf Storytelling beruht und die heutige Art, die Dinge zu sehen, besser reflektiert. Dieser Aufbau setzt sich ebenfalls aus drei Elementen zusammen:

- Die Aufmerksamkeit der Zielgruppe gewinnen
- Zu Veränderungen aufrufen
- Mit schlagkräftigen Argumenten überzeugen

Storytelling fand nicht nur Einzug in die Management-Welt, sondern auch in die Politik und andere Bereiche. Bei dieser Technik wird sich unter Einbezug fiktiver oder reeller Ereignisse und Vorgänge eine Geschichte ausgedacht bzw. neu erzählt. Die Handlung kann dabei verschiedene Formen annehmen, solange sie sich auf die Realität bezieht oder zumindest an sie anlehnt.

Das Hauptziel des Storytellings ist also mithilfe einer Kommunikationsform, die Information und Emotion sowie Vernunft und Leidenschaft vereint, zu übermitteln, zu begeistern und zu überzeugen. Bei diesem Vorgehen ist besonders wichtig, dem Empfänger einen Sinn zu übermitteln und in ihm den Wunsch zu wecken, Teil der Geschichte zu werden. Denn schließlich hat Kommunikation doch immer zum Ziel – egal in welchem Kontext –, den Zuhörer so anzusprechen, dass dieser die übermittelte Botschaft problemlos versteht.

ARTEN VON STORYTELLING

Storytelling ist nicht zuletzt eine so effiziente Kommunikationsstrategie, weil sie Emotionen anspricht. Trotzdem muss man beim Geschichtenausdenken den Kontext des Storytellings im Hinterkopf behalten. Obwohl bestimmte Elemente für eine Geschichte unerlässlich sind, gelten in manchen Sektoren, beispielsweise Unternehmen, andere Anforderungen.

Trotz der enormen Diversität der Geschichten, die Unternehmen immer wieder entwerfen, unterscheidet der Experte für Kommunikation und Storytelling, Sébastien Durand, sieben verschiedene Arten, die in einer Art Wochenkalender dargestellt werden können.

Die sieben Arten von Geschichten

Tag	Schlüsselwort	Aktion	Erklärung
Montag (Tag der Diana, Göttin des Monds)	Arbeit	Vorurteile abbauen und angemessene Wertschätzung erfahren	So wie der Mond nur indirekt von der Sonne beleuchtet wird, haben manche Unternehmen Schwierigkeiten für ihre Sichtbarkeit zu sorgen. Besonders betroffen sind solche in komplexen Bereichen, die nicht « trendy » genug sind oder im B2B arbeiten. Sie müssen hart arbeiten, um sich zu beweisen.
Dienstag (Tag von Mars, Gott des Krieges)	Eroberungen	Erobern und sich flexibel anpassen	Andere Unternehmen streben nach der Vormachtstellung in ihrer Branche. Sie befinden sich im konstanten Wettbewerb mit ihrer Konkurrenz und setzen auf Flexibilität und Innovation, um den Markt zu erobern.
Mittwoch (Tag des Merkur, Gott des Handels)	Bestätigung/ Beruhigung	Andere inspirieren und Kunden nahe sein	Wieder andere wollen mithilfe des Vertrauens ihrer Kunden mit ihrem Produkt bzw. ihrer Dienstleistung Marktführer werden. Dies setzen sie in ihrer Kommunikation um. Solche Unternehmen arbeiten z. B. hauptsächlich an ihrem Familien-Ranking. Vertrauen und Nähe ist nicht leicht zu schaffen und kann schnell verloren gehen. Der Mittwochstyp ist auf der ständigen Suche nach einem Konsens zwischen Profitbestreben und Kundenberuhigung.

Die sieben Arten von Geschichten (Fortführung)

Tag	Schlüsselwort	Aktion	Erklärung
Donnerstag (Tag des Jupiters, König der Götter)	Macht	Mächtig sein und bleiben	Es eignet sich für Unternehmen, deren unumstrittene Position als Marktführer ihnen die Zeit gibt, darauf zu warten, dass die Kunden zu ihnen kommen, anstatt sich diesen anzunähern und auf sich aufmerksam zu machen.
Freitag (Tag der Venus, Göttin der Schönheit)	Liebe	Attraktiver werden und Bedürfnisse anregen	Mode- und Kosmetikunternehmen, aber auch bestimmte Kaffee- oder Smartphonemarken, wollen die Welt schöner und jünger machen. Sie wollen daher den Wunsch wecken, ihr Produkt bzw. ihre Dienstleistung zu besitzen.
Samstag (Tag des Saturn, Gott des Exzesses)	Sinnlichkeit	Die Sinne befreien und Grenzen überwinden	Manche Unternehmen richten ihr Marketing besonders auf eine bestimmte Zielgruppe aus, z. B. Homosexuelle oder ethnische Minderheiten. Dabei wird der Fokus auf Originalität, die jeweilige Zielgruppe, Selbstverwirklichung und Befreiung der Sinne gelegt.
Sonntag (Tag des Apollon, Gott des Lichts)	Wissen	Erläutern und Wissen teilen	Verlagsunternehmen, Zeitungen und alle Unternehmen, die Wissen verbreiten wollen, streben nach der Anerkennung ihrer Kunden für ihre Expertise. Achtung: Die Unternehmen, die wir bewundern, sind jedoch nicht immer auch diejenigen, die wir mögen...

Diese sieben Arten geben nur Aufschluss über den „erzählerischen Kontext", der die Basis bzw. den Startpunkt darstellt, von wo aus die Geschichte über ein Unternehmen konstruiert wird. Nach der Festlegung der anzuwendenden Art wird deutlicher, aus welchen Elementen sich das Storytelling zusammensetzen sollte (wie Held, Hindernisse und Lösungen), um eine kohärente und effektive Erzählung zu schaffen.

BLEIBEN SIE KREATIV!

Auch wenn diese sieben Arten von Geschichten den Anfang für das Storytelling erleichtern, ist es trotzdem wichtig, dass man sich von den narrativen Kategorien nicht zu sehr beschränken lässt. Sie stellen lediglich eine Hilfestellung dar und sind im Unternehmensbereich keinesfalls obligatorische Regeln. Bewahren Sie sich Ihre Kreativität – denn diese macht Ihr Storytelling erfolgreich!

ANWENDUNGSBEREICHE

Neben der Geschäftswelt wird Storytelling als Kommunikationstechnik auch noch in vielen anderen Bereichen verwendet.

Kommunikation

Kommunikation bezeichnet das Übermitteln einer Nachricht und da Storytelling eine Kommunikationsmethode ist, wird sich diesem Thema als erstes gewidmet. Es versteht sich von selbst, dass Kommunikation universell anwendbar ist und daher in den folgenden Bereichen wieder aufgegriffen wird. Je nach Kontext wird sie angepasst und erfordert unterschiedliche Techniken. Hier sind einige Beispiele:

- Institutionelle Kommunikation
- Interne Kommunikation
- Externe Kommunikation
- Krisenkommunikation
- Strategische Kommunikation
- Politische Kommunikation
- Unternehmenskommunikation
- Internationale Kommunikation
- Kulturelle Kommunikation

GUT ZU WISSEN

Es ist wichtig, all diese Kategorien in Zusammenhang miteinander zu betrachten. Beispielweise ist es möglich, Storytelling im

Rahmen einer Krisenkommunikation eines internationalen Unternehmens anzuwenden. Da hierbei drei Unterkategorien mit ihren jeweiligen Anforderungen vereint werden, ist die Kenntnis aller Parameter erforderlich.

Storytelling grenzt sich von traditioneller Kommunikation ab, die sich auf externe, objektive und wissenschaftliche Elemente stützt, indem es über die lineare und deskriptive Rhetorik hinausgeht. Es lässt in den Köpfen der Zuhörer Bilder entstehen, die deren Fantasie mit der Realität, das Spezielle mit dem Allgemeinen, sowie das persönliche Unterbewusstsein mit dem kollektiven verbinden. Die Nachrichten sollen mittels der Subjektivität des Sprechers die Subjektivität des Publikums ansprechen. Es geht dabei nicht mehr nur darum, dessen Verhalten zu beeinflussen, sondern vielmehr eine Beziehung aufzubauen.

Marketing

Wie auch Kommunikation, ist Marketing vielseitig anwendbar und wird sowohl von Unternehmen als auch Institutionen eingesetzt. Storytelling ergänzt und aktualisiert die traditionell im Marketing verwendeten Ansätze und Methoden.

Unternehmen bedienen sich am häufigsten des Storytellings, egal ob zur Vermarktung eines neuen Produkts oder einer Dienstleistung, oder der Kommunikation neuer Werte oder gar eines neuen Managements. Storytelling soll nicht nur vom Kauf eines Produkts oder einer Dienstleistung überzeugen, das Unternehmen arbeitet vielmehr daran, eine Beziehung zum Kunden aufzubauen und eine Geschichte mit ihm zu teilen.

Management und Personalwesen

Im Management ebenso wie im Personalwesen spielt Storytelling eine besonders große Rolle, da es ermöglicht, den Menschen in den Mittelpunkt zu stellen. Es fördert das Interesse und die Unterstützung der Mitarbeiter rund um das Management betreffende Entscheidungen und Projekte. Für das Personalwesen bedeutet es, die Mitarbeiter stärker ins Unternehmen und dessen Geschichte miteinzubeziehen.

Im Rahmen einer Arbeitssuche kann es hilfreich sein, den Verlauf seiner Karriere wie eine Geschichte zu erzählen, um bei einem Bewerbungsgespräch einen nachhaltigen Eindruck zu hinterlassen. Dieser Prozess bedarf einiger Selbstreflexion und Zeit. Es sollte möglichst eine erkennbare Verbindung zwischen Ausbildung, Tätigkeiten und beruflicher Erfahrung geschaffen werden, um die Elemente Ihrer Geschichte in einen Zusammenhang zu bringen. Natürlich sollte diese auf Fakten basieren, jedoch kommt es noch mehr darauf an, wie Sie den roten Faden Ihrer Geschichte legen und Ihren Werdegang beschreiben. Dieses Storytelling können Sie ebenfalls auf ihrem LinkedIn Konto verwenden, um die Sichtbarkeit Ihres Profils zu optimieren.

Politik

Politisches Storytelling ist weit verbreitet, aber auch stark umstritten. Obwohl es dabei helfen kann, den menschlichen und symbolischen Zusammenhalt einer Gesellschaft zu fördern, wird es häufig für Manipulation genutzt, mit weniger tugendhaften Absichten. Wenn es allerdings mit Bedacht angewendet wird und sich auf ein gemeinsames Erlebnis bezieht, kann eine Beziehung und sogar ein gewisses Vertrauen entwickelt werden, das eine kollektive Identifikation möglich macht. Dies kann wiederum die Politik in einem neuen Licht erscheinen lassen, die Wahrnehmung der Bürgerrechte stärken und zu einer neuen Ausdrucksweisen von Demokratie führen.

Und viele mehr...

Auch in anderen Bereichen findet Storytelling mehr und mehr Anklang, wie Wirtschaft, Medizin, Psychologie, Journalismus, Pädagogik und Sozialwissenschaften. Es schafft eine neue Dynamik und wird daher vermutlich auch weiterhin in zahlreichen Bereichen angewandt werden, zumal im digitalen Zeitalter die Informationsmenge, der wir täglich ausgesetzt sind, stetig steigt.

Es ist noch hinzuzufügen, dass all diese Anwendungsfelder verschiedene Zielgruppen implizieren – Kunden, Angestellte, Wähler etc. – und man dies beim Storytelling berücksichtigen muss, da sie die Nachricht empfangen, auf sie reagieren und sie interpretieren.

Alle Welt verwendet Storytelling, ob bewusst oder nicht. Aus diesem Grund ist es für jeden nützlich, die essentiellen Elemente von Geschichten identifizieren zu können, egal in welchem Bereich und für welches Zielpublikum sie erzählt wird. Genau diese Elemente machen die Methode und die Kommunikation erst effektiv und ermöglichen es, eine Beziehung mit dem Nachrichtenempfänger der Nachricht aufzubauen.

Basis

Zuerst wird logischerweise das Ziel des Storytellings definiert, das „warum erzähle ich?".

Bei einem Unternehmen sollte beispielsweise über dessen Daseinsberechtigung nachgedacht werden, also darüber, was es zur Gesellschaft beiträgt und inwieweit es die Erwartungen der Kunden erfüllt. Sie müssen sich über Ihre Zielgruppe klar sein, da es Ihnen so leichter fallen wird, zu erkennen, welches Bild Sie gerne vermitteln wollen: Möchten Sie ein Experte auf ihrem Feld, nahe am Kunden, unterhaltsam, modern etc. sein? Erstellen Sie eine Liste mit den Aspekten, die für die Geschichte in Frage kommen, wie die Entstehung der Marke, ihre Innovativität, Produktionsort(e), der Gründungsmythos etc.

Nun wird das Ziel des Storytellings festgelegt: Dabei kann es darum gehen, die Geschichte der Marke zu erzählen, das historische Bild des Unternehmens zu modernisieren, Produkten Leben einzuhauchen, die Bindung der Kunden mit der Marke zu stärken, gegenwärtige und zukünftige Präsenz zu zeigen etc.

Erster Aufbau der Geschichte

Zum Aufbau einer Geschichte gehören normalerweise die folgenden sieben Elemente:

- eine oder mehrere Personen, idealerweise nur ein Protagonist, um den Aufbau Ihrer Geschichte einfach zu halten
- ein oder mehrere Orte
- ein zeitlicher Handlungsrahmen, fortschreitend oder nicht (Sprünge in die Zukunft und/oder Rückblenden in die Vergangenheit)
- eine Handlung

- Erzählperspektive (aus der Sicht einer Figur oder einer außenstehenden Person)
- ein spezieller Erzählstil (formell, persönlich, humorvoll, satirisch etc.)
- ein Thema, das dem Ziel des Storytellings entspricht, wie im vorherigen Abschnitt beschrieben

DAS THEMA DER GESCHICHTE

Die beste Art eine originelle und einprägsame Geschichte zu verfassen, besteht darin, die Figuren sich selbst charakterisieren zu lassen und die Richtung der Handlung durch ihre Entscheidungen und ihr Verhalten zu lenken. Kurz gesagt: Behalten Sie immer die Intention der Geschichte („warum erzähle ich?") im Hinterkopf, so nimmt die Geschichte mithilfe Ihrer Kreativität und im Laufe der Zeit fast automatisch Form an. Dabei ist es wichtig, sich nicht nur auf ein Thema zu beschränken, denn dadurch werden die anderen Elemente nicht genug ausgeleuchtet und die Geschichte wirkt langweilig. Konzentrieren Sie sich jedoch auf die Figuren, wird das Thema wie von selbst aus den anderen sechs Aspekten hervorgehen.

Zu diesem Stadium sollten die Aspekte getrennt betrachtet, allerdings noch kein Inhalt hinzugefügt werden. So kann beispielsweise überlegt werden, wer die Hauptperson ist, allerdings ohne ihr Charaktereigenschaften zuzuschreiben.

Es gibt drei Arten von Geschichten:

- Geschichten, die auf persönlichen Erfahrungen basieren
- Traditionelle Geschichten (die natürlich nach den eigenen Bedürfnissen überarbeitet werden)
- Ausgedachte Geschichten, die oftmals auf mehreren persönlichen Erfahrungen beruhen

Wenn die Art der Geschichte und ihre Hauptelemente erst einmal festgelegt sind, beginnt der kreative und detailliertere Teil des Storytellings.

Handlungsverlauf

Um Ihre Geschichte weiter aufzubauen und zusammenzustellen, sollten Sie sich mit dem Inhalt beschäftigen und dabei die folgenden sieben Schritte befolgen.

- Schritt 1: Das Vorhaben bestimmen. Diese Suche/Mission fesselt die Aufmerksamkeit der Zielgruppe. Sie wird teils durch die Handlung und teils durch die Art der Geschichte definiert, für die Sie sich entschieden haben. Wenn Sie zum Beispiel den Dienstag- oder Samstag-Typ wählen, dreht sich Ihr Thema darum, eine Sache zu erstehen, oder aber sich von Grenzen zu befreien bzw. diese zu überschreiten.
- Schritt 2: Den oder die Protagonist(en) charakterisieren. Nun ist es so weit Ihrem/Ihren Protagonist(en) Leben einzuhauchen. Wenn es in der Geschichte mehrere Protagonisten gibt, sollte besonders darauf geachtet werden, dass jeder eine Persönlichkeit, Verhaltensweise oder physisches Merkmal besitzt, die ihn von den anderen unterscheiden. Ein Protagonist kann auch ein personifiziertes Objekt sein, wie beispielsweise eine Karriere, wenn Storytelling privat verwendet wird, oder Werte, ein Staat, eine Regel etc.
- Schritt 3: Einen Antagonisten definieren. Dieser wird Ihren Protagonisten vor Herausforderungen stellen. Es kann sich sowohl um eine andere Person, als auch eine Situation, ein Objekt, einen Wert, ein Bedürfnis

etc. handeln. Viele Elemente können sich dem Protagonisten in den Weg stellen, über manche haben Sie vielleicht noch gar nicht nachgedacht. Nehmen Sie sich Zeit, um an Ihrem Antagonisten zu arbeiten, denn ohne ihn ist die Geschichte nicht sonderlich interessant.

- Schritt 4: Peripetien definieren, die sich logischerweise durch den vorher definierten Antagonisten ergeben. Der Protagonist erlebt verschiedene Ereignisse, die in ihm verschiedene Gefühle wecken (Freude, Traurigkeit, Angst etc.), aber nicht daran hindern, weiterzukommen.
- Schritt 5: Das Problem lösen und das Vorhaben erfüllen. Wenn die maximale Spannung erreicht ist, muss etwas den Knoten lösen, der im Laufe der Handlung geschaffen wurde. Die Auflösung darf aber nicht aus dem Nichts kommen. Kohärenz steht an erster Stelle! Außerdem sollte die Geschichte niemals schlecht ausgehen, da das Ziel von Storytelling ist, ein positives Bild von sich oder seiner Organisation zu übermitteln.
- Schritt 6: Die Geschichte weiterleben lassen. Dieser Schritt ist einzigartig beim Storytelling. Bücher oder Filme mögen zwar schon bei

Schritt 5 enden, aber Ihre Geschichte ist mit der Erfüllung der Mission nicht vorbei. Die Zuhörer (Ihre Zielgruppe) sollen Lust dazu bekommen, die Geschichte selbst weiterzuerzählen. Erst dann ist eine Geschichte richtig gut.

- Schritt 7: Zurück zur Realität. Zum Schluss ist es wichtig, die Geschichte wieder mit der Person, die sie erzählt hat (ein Politiker, ein Verein, eine Marke, eine Einzelperson etc.), in Zusammenhang zu bringen. Ohne diese Verbindung ist es durchaus wahrscheinlich, dass die Geschichte schnell in Vergessenheit gerät, trotz der Wirkung, die sie womöglich auf das Publikum hatte.

Jetzt, wo die Handlung feststeht, fällt es Ihnen vermutlich leichter, die einzelnen Elemente zusammenzuführen und ihre Geschichte weiter aufzubauen. Sie kommen Ihrem Ziel schon näher! Nichtsdestotrotz fehlen noch einige „Zutaten", die Ihrer Geschichte zum Erfolg verhelfen werden.

Must-haves

Damit die Geschichte Ihres Storytellings nicht nur eine einfache Erzählung ist, braucht es noch ein paar zusätzliche Zutaten. Deshalb folgen hier vier Elemente, die Ihre Erzählung auf jeden Fall beinhalten sollte.

- Ein fulminanter Anfang: Die Art und Weise wie eine Geschichte anfängt und endet, ist entscheidend für ihren Erfolg. Es gibt viele Möglichkeiten mit der Geschichte anzufangen, darunter das traditionelle „Es war einmal...". Dieser Einstieg ist wahrscheinlich sehr verlockend, aber er sollte nicht zu oft verwendet werden. Das heißt jedoch nicht, dass er überhaupt nicht gebraucht werden kann, denn in anderen Kontexten als der des Märchens, z. B. im Management, ist er durchaus sehr originell. Neben dieser bekannten Formulierung sind auch folgende Anfänge denkbar: „Stell dir vor...", „Was mich antreibt ...", „Ich erinnere mich...", „Eines Tages...", „Ich habe schon immer...", „Wer hat noch nicht..." etc. Der Kreativität sind hier keine Grenzen gesetzt.

TIPP FÜR DIE VORBEREITUNG

Beginnen Sie mit der größten Arbeit des Storytellings, um das Schwierigste hinter Ihnen zu haben. Wenn die Essenz der

Geschichte erst einmal festgelegt ist, wird es leichter sein, einen eingängigen Anfangssatz zu finden und evtl. mehrere Optionen auszuprobieren.

- Emotionen: Beim Storytelling geht es hauptsächlich um Emotionen, also subjektive Gefühle. Das macht den fundamentalen Unterschied zur sogenannten klassischen Kommunikation aus. Eine Nachricht ist nur dann effizient, wenn sie glaubwürdig ist und das Publikum auch den Erzähler für glaubwürdig hält. Deshalb sollte die Zielgruppe bei dem Aufbau immer im Vordergrund stehen. Ihre Einstellung ist gewissermaßen die Vorlage für die Geschichte, wie eine Skizze für ein Bild. Daher sollte man ihre Reaktion immer mitberücksichtigen. Das richtige Maß ist hierbei, wie so oft im Leben, entscheidend und deshalb sollte man nicht ausschließlich auf Emotionen setzen.
- Leidenschaft: Sie versteht sich als die essentielle „Energie" eines guten Storytellings. Es geht dabei nicht um Ihre eigene Leidenschaft (bzw. des Unternehmens, Politik etc.), sondern um die des Publikums. Da sich die Geschichte

an dieses richtet, muss vor allem dessen Leidenschaft so subtil und clever dargestellt werden (für ein bestimmtes Unternehmen, ein Produkt, eine Dienstleistung, einen Wert etc.), dass es sich darin wiedererkennt. Oft stellen Sie nur das Werkzeug dar, mit dem die Leidenschaft beim Publikum für etwas Bestimmtes entfacht werden soll.

TIPP FÜR BEWERBER

Es versteht sich von selbst, dass Storytelling bei persönlichen Zwecken bzw. bei der Arbeitssuche, wenn es darum geht, die eigene Karriere zu vermarkten, Grenzen hat. Der leidenschaftliche und energische Aspekt ist dabei schwieriger umzusetzen, aber nicht unmöglich. Beispielsweise können Sie auf den Bedarf des Unternehmens (und damit im übertragenden Sinn die Leidenschaft) anspielen, den es an Profilen und Fähigkeiten wie Ihren hat.

- Bilder und Darstellungen: Das Publikum muss visuell angeregt werden. Das bedeutet, dass es ihm möglich sein sollte, sich die Geschichte vorzustellen und zu verstehen, wie sie sich entwickelt. Wie kann man diese visuelle Vorstellung kreieren? Mit Hilfe von bekannten Details, mit denen das Publikum etwas assoziieren kann, und in dem man bekannte Situationen aufgreift. Diese Bilder in den Köpfen entstehen zu lassen, ist unerlässlich; die Fantasie der Zuhörer erledigt dann den Rest.

ÜBERARBEITUNG

Ihre Geschichte für das Storytelling ist so gut wie fertig. Nun bleiben nur noch einige Details zu überarbeiten und ein paar letzte Fragen zu beantworten, bevor die Geschichte einem Publikum erzählt werden kann.

- Ist die Handlung, nicht nur für das Publikum, sondern auch für Sie klar? Damit Ihre Zuhörer die Geschichte übernehmen können, ist es wichtig, dass Sie sie sich zuerst selbst zu eigen machen. Eine Geschichte zu erzählen ist nicht schwierig, aber ihr Leben einzuhauchen und Glaubwürdigkeit zu verleihen, ist noch etwas ganz anderes! Deshalb müssen Sie die Geschichte in- und auswendig können und in der Lage sein, flexibel mit ihr umzugehen.

- Führt die Handlung des Storytellings zum definierten Ziel? Wenn man mit dem Schreiben einer Geschichte beschäftigt ist, passiert es schnell, dass man sein eigentliches Ziel aus den Augen verliert. Was wollen Sie mit dieser Kommunikationstechnik erreichen?

- Fokussiert Sie sich beim Storytelling auf die Empfänger? Wenn Sie diese Frage mit Nein beantworten, werden Sie mit ihrer Geschichte nicht den gewünschten Erfolg haben, vor allem wenn Sie (Unternehmen, Organisation, Politik, Produkt etc.) selbst der Protagonist der Geschichte sind. Das Publikum soll sich nicht mit Ihnen identifizieren, sondern mit der Geschichte, die sich um es dreht.

- Ist die Geschichte an das Publikum angepasst? Egal ob es sich um den Erzählstil, die Art der Geschichte, die Handlung oder die Personen handelt: Alle Elemente müssen auf die Zielgruppe zugeschnitten sein. Dafür ist es notwendig, seine Zuhörer und ihre Anliegen zu kennen. Sollten Sie feststellen, dass Sie die Frage nicht beantworten können, nehmen Sie sich Zeit für Recherche und überarbeiten Sie die komplette Geschichte mit den neuen Informationen.

- Ermutigt Ihre Geschichte andere Personen, sie weiterzuerzählen? Wenn dies zutrifft, ist das Storytelling effizient. Das ultimative Ziel der Geschichte ist es, dass das Publikum das dringende Bedürfnis verspürt, die Geschichte mit jemandem zu teilen.

DIE GESCHICHTE ERZÄHLEN

Jetzt ist es an der Zeit, die Geschichte zu erzählen und sie sich verbreiten zu lassen. Wieder einmal müssen dabei einige Faktoren bedacht werden.

Die Zielgruppe, die angesprochen werden soll, bestimmt zu großen Teilen den verwendeten Informationskanal. Bedenken Sie dabei, dass sich die verschiedenen Kanäle untereinander immer stärker vernetzen. Das hat den Vorteil, dass verschiedene Medien kombiniert werden können und jeweils unterschiedlicher Inhalt entwickelt werden kann, die zur Geschichte beitragen, wodurch wiederum gleichzeitig die Interaktion zwischen den einzelnen Medien verstärkt wird.

Daraus folgt, dass das die Geschichte für das Storytelling an unterschiedliche Formate ange-passt werden muss, damit es für die verschiedenen Medien, die es verbreiten, funktioniert. Es gibt mehrere Möglichkeiten, wie z. B. die Erschaffung einer Plattform, die alles zentralisiert und die Geschichte an ausgewählte Medien weiterleitet oder auch die sukzessive Nutzung verschiedener Medienplattformen, die nacheinander ihren Teil der Geschichte erzählen.

<u>EXTRA INFORMATION: DIE TRANSMEDIALE KAMPAGNE ONLYLYON</u>

Die Stadt Lyon verwendete transmediales Storytelling mit dem Ziel, die kulinarische Seite Lyons aus einer neuen Perspektive zu zeigen. Zentrales Element ist hierbei die mysteriöse und prestigeträchtige Kochschule Chef Factory, in der die berühmtesten Köche ausgebildet wurden und viele der Raffinessen der französischen Küche entwickelt wurden. Die Handlung basiert sowohl auf reellen als auch fiktiven Elementen.

Die transmediale Kampagne wurde über mehrere Jahre entwickelt und in unterschiedlichen Städten, sowohl in Frankreich als auch im Ausland geführt. Die Inhalte unterscheiden sich je nach Art des Mediums.

Dazu gehören:

- Ein international ausgestrahlter sowie im Internet auf einer speziell erstellten Seite und auf ausgewählten Blogs verfügbarer Film, der die Geschichte mit allgemeinen Informationen bekannt macht
- Street-Marketing-Kampagnen in einigen Hauptstädten (Brüssel, Genf, New York etc.), beispielsweise Verköstigungen, Spiele oder Wettbewerbe
- Eine offizielle Facebook-Seite der Schule, um die Geschichte in den sozialen Netzwerken zu verbreiten, vor allem auch durch die persönlichen Profile einiger Schüler und Lehrer (auch auf Twitter, Tumblr, Instagram etc.). Mit diesen Austauschmöglichkeiten sollten die einzelnen Etappen der Kampagne unterstützt und eine direkte Verbindung mit den Liebhabern der französischen Küche hergestellt werden.
- Storymaking, um das Storytelling weiter anzureichern, mit Hilfe eines personalisierten Kits für Food-Blogger auf der ganzen Welt, mit dem sie eine Anekdote über ihre Zeit bei der Chef Factory verfassen und so zum Mythos beitragen können.

- Ein Zauberbuch mit Rezepten, das als Schlüsselelement im Film und beim Storytelling fungiert, und in den Halles de Lyon Paul Bocuse (Markthalle in Lyon) ausgestellt ist, einem wahren Schlemmerparadies.
- Manche Inhalte können nur von den ganz neugierigen Zuhörern gefunden werden.

TOP TIPPS

- Beim Storytelling wird nicht Ihre Geschichte erzählt, sondern eine, die Ihnen nutzt. Das ist DIE goldene Regel, die unter allen Umständen berücksichtigt werden muss.
- Weiterhin sollten Sie nicht für sich, sondern für das Publikum erzählen. Durch sie wird die Geschichte getragen und genau dadurch unterscheidet sich das Storytelling von anderen Kommunikationstechniken. Beziehen Sie sie so weit wie möglich in die Handlung mit ein, denn nur durch die Interaktion zwischen Erzähler und Zuhörer erwacht die Geschichte zum Leben.
- Fesseln Sie Ihr Publikum und überraschen Sie es im richtigen Maß. Beispielsweise hat eine Geschichte einen größeren Einfluss, wenn sie sich auf einen Schlüsselmoment der Zuhörer bezieht, beispielsweise etwas aus den Nachrichten. Je eher Sie es schaffen, die Aufmerksamkeit auf sich zu ziehen und zu überraschen, desto größer sind die Chancen darauf, dass Ihre Geschichte weitererzählt wird.

- Wecken Sie die Fantasie Ihres Publikums mithilfe von mit Metaphern, Analogien oder anderen Stilmitteln. Schaffen Sie eine so dichte Bilderwelt wie möglich. Kreieren Sie so viele Assoziationsmöglichkeiten wie möglich.
- Emotionen sollten im Zentrum des Storytellings stehen, ohne dabei die Vernunft gänzlich zu verdrängen. Die Emotion ist mehr als wichtig, sie ist unerlässlich, was den Unterschied zu traditioneller Kommunikation ausmacht. Der Nachrichtenempfänger wird von Emotionen stärker und langfristiger beeinflusst.
- Passen Sie Ihr Storytelling an das gewählte Medium an. Nutzen Sie dessen Vielseitigkeit und variieren Sie hierfür Länge und Format Ihrer Geschichte. Dadurch wird sie gleichzeitig lebendiger und bedeutungsvoller.
- Erlegen Sie Ihrer Kreativität keine Grenzen auf. Wenn Sie die <u>Grundlagen</u> und <u>wichtigen Schritte</u> befolgen, führt Ihr kreativer Schaffungsprozess automatisch zu Originalität und sichert den Erfolg Ihres Storytellings garantiert.
- Verwenden Sie so viel Zeit wie möglich auf die Vorbereitung und vor allem damit, wie sich

die Geschichte entfaltet. Wie bereits erwähnt, müssen Sie sich die Geschichte zuerst selbst zu eigen machen, bevor es Ihre Zuhörer können.

- Erzählen Sie einfach, authentisch und frei, damit das Publikum die Handlung in seiner Vorstellung weiterspinnen kann. Versuchen Sie deshalb nicht um jeden Preis eine Show zu machen oder generell nur über sich selbst zu sprechen, denn damit riskieren Sie das komplette Gegenteil, von dem, was Sie erreichen wollten.
- Akzeptieren Sie, dass sich Ihr Publikum die Geschichte zu eigen machen wird, ihr widerspricht, sie anders auffasst und manchmal neu interpretiert. Genauso wenig, wie Sie ihre eigene Kreativität begrenzen sollten, sollten Sie das auch nicht mit der des Publikums tun. Man weiß nie, ob Sie vielleicht durch eine Rückmeldung neue Ideen oder neues Material für eine Fortsetzung der Geschichte bekommen. So könnten Sie sie immer weiter fortführen.

FAQS

WOZU DIENT STORYTELLING?

Es gibt verschieden Arten von Geschichten, die jeweils unterschiedliche Funktionen haben:

- Bedeutung verleihen
- Sichtbarkeit verbessern
- Image aufpolieren oder ändern
- beruhigen
- verkaufen
- Bindung schaffen

Diese Funktionen variieren je nach dem Bereich, in dem Storytelling angewendet wird. Natürlich benutzen Unternehmen es häufig, um etwas zu verkaufen, aber das ist nicht der einzige Anwendungsbereich. Auf persönlichem Level wollen Sie vielleicht einen roten Faden in Ihrer Karriere sichtbar machen oder sich selbst vergewissern, dass Sie beruflich den richtigen Weg eingeschlagen haben.

WOZU BRAUCHT MAN STORYTELLING IM UNTERNEHMEN?

Besonders in Unternehmen wird Storytelling gerne verwendet, erst recht seit der Entstehung des Web 2.0. Wenn über Storytelling gesprochen wird, kommen die Beispiele dafür daher meistens nur aus der Businesswelt, obwohl diese Technik noch in vielen anderen Bereichen genutzt wird.

Unternehmen nutzen Storytelling erfolgreich für:

- den Verkauf von Produkten oder Dienstleistungen
- die Kommunikation ihrer Geschichte, Mission oder Werte
- die Verbesserung der internen Kommunikation, vor allem im Personalmanagement
- die Modernisierung ihres Managementstils

WIE BAUT MAN EINE GESCHICHTE AUF?

Wenn Sie erst einmal ein präzises Ziel im Kopf haben, ist es gar nicht so schwierig eine Geschichte aufzubauen. Man sollte ein wenig kreativ sein, aber vor allem die beschriebene Methode befolgen und sich von Beginn an im Klaren über die Grundstruktur der Geschichte sein. Zu einer guten Geschichte gehören: ein Protagonist, ein Thema, ein Problem, eine Lösung und eine Aufforderung zum Handeln.

Außerdem kann der Erzähler bei einem guten Storytelling die Aufmerksamkeit seines Publikums gewinnen, indem er eine Mission mit ihnen teilt. Der Erzähler entfaltet dann die Geschichte und gibt Protagonist(en), Antagonist(en), Peripetien und ihre Auflösungen ihren Platz. Zum Schluss muss es für den Zuhörer möglich sein, etwas aus der Geschichte zu lernen, damit er sie weitererzählt. Zudem muss eine logische Verbindung zwischen Erzähler und Storytelling für ihn klar hervorgehen.

WAS SIND HÄUFIGE FEHLER?

Das größte Risiko besteht darin, die Geschichte nur des Erzählens wegen zu erzählen, in anderen Worten eine Handlung ohne Bedeutung und Interesse für Sie und Ihr Publikum zu erzählen. Deshalb ist die Formulierung und Verfolgung eines Ziels für das Storytelling so ausschlaggebend und sich daran zu halten.

Storytelling scheitert häufig aus den beiden folgenden Gründen:

- Die Geschichte handelt nicht vom Publikum, sondern vom Erzähler.
- Die Geschichte basiert auf Logik, nicht auf Emotionen.

Weitere häufig gemachte Fehler sind:

- Der Übermittlung der Nachricht wird zu viel Bedeutung zugemessen, wodurch die Geschichte selbst vernachlässigt wird.
- Die Verbindung zwischen der Geschichte und der Nachricht ist nicht klar genug.
- Die emotionale Dimension ist unausgeglichen. Mit anderen Worten gibt es entweder keine Emotionen oder, im Gegensatz, zu viele.

WAS MACHT STORYTELLING SO EFFEKTIV?

Die Effizienz von Storytelling in Vergleich mit anderen Kommunikationstechniken besteht in ihrer emotionalen Dimension und in ihrer Glaubhaftigkeit. Das Publikum fühlt sich mit der Geschichte verbundener, wenn es sich mit ihr identifizieren kann und sie auf ihr eigenes Leben beziehen kann.

EXTRA INFORMATION: BRITISH AIRWAYS INDIA

Ein gutes Beispiel für dieses Thema ist die Kampagne von British Airways India mit dem Namen „A Ticket to visit Mum". In diesem etwas mehr als fünf Minuten langen Video sieht man eine Mutter in Indien und ihren Sohn, der seit ein paar Jahren in den USA lebt. Beide drücken ihre Wünsche aus: Sie möchte ihr Kind wiedersehen und er möchte in sein Heimatland zurück, beide wollen sie mit dem jeweils anderen Zeit verbringen.

Die Fluggesellschaft wird dabei nur am Rande erwähnt und steht nicht im Vordergrund. Sie ist nur ein kleines Element der Geschichte dieser zwei Menschen Dennoch steht es im Mittelpunkt der Handlung und hält am Ende eine Überraschung bereit. Beim Ansehen des Videos versetzen sich Menschen, die schon einmal weit weg von ihrer Familie gelebt haben, in die zwei Protagonisten. Das

Video weckt in ihnen Gefühle, die sie mit Personen teilen wollen, die sie verstehen. Die Geschichte ist sehr glaubhaft, da sie Identifikation ermöglicht und unter anderem an die Gefühle des Publikums appelliert. Damit ist es viel effektiver als ein simples „Reisen Sie mit British Airways, um die Weihnachtsfeiertage mit Ihrer Familie zu verbringen!".

WO FINDET MAN INSPIRATION FÜR STORYTELLING?

Fürchten Sie, nicht kreativ genug zu sein oder keine Inspiration finden? Horchen Sie in sich hinein und betrachten Sie Ihre Umwelt mit offenen Augen.

• Beginnen Sie mit einer Auflistung dessen, was sie bereits besitzen: Ihre Stärken, Erfahrungen und selbst Ihre Schwächen. Dies kann ein Startpunkt für das Storytelling sein und selbst wenn nicht, wird es zumindest Ihre Kreativität wecken.

• Beobachten Sie, was um Sie herum passiert und was getan wird. Sehen Sie sich dazu ihre

Konkurrenz an. Selbstverständlich sollten Sie nicht einfach alles kopieren, was Sie beobachten, weil Sie sonst riskieren, das Gegenteil von dem zu erreichen, was Sie anstreben. Machen Sie sich mit der Inspiration Ihres Umfelds und Ihres Publikums bekannt. Kombinieren Sie die Ergebnisse und stellen Sie sie einander gegenüber. So schaffen Sie sich eine solide Basis, die den kreativen Prozess begünstigen wird.

JETZT SIND SIE GEFRAGT!

Sie können jetzt ein effektives Storytelling entwickeln. Sie verfügen über alle nötigen Hilfsmittel/ Kenntnisse, um eine kohärente und glaubhafte Handlung zu entwerfen, die Ihr Zielpublikum emotional erreicht. Sind Sie sich bei manchen Punkten noch unsicher? Dann ist hier eine Zusammenfassung, die dabei hilft, den Erzähler, die Geschichte und das Publikum miteinander zu verbinden.

Erzähler, Geschichte und Publikum

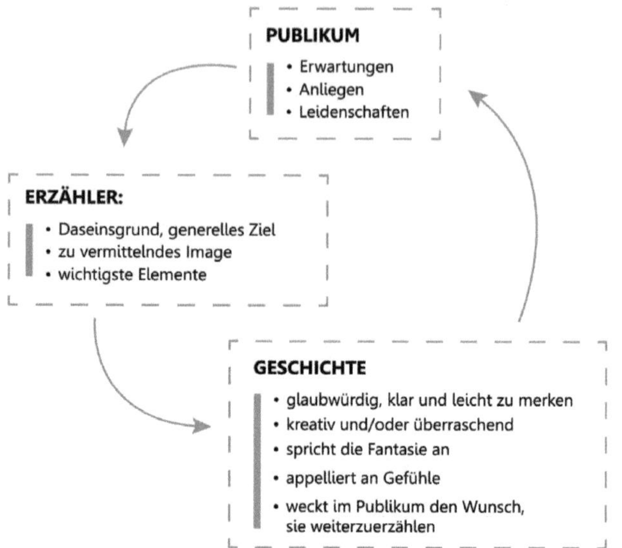

Viel Erfolg!

Ihre Meinung ist uns wichtig!
Hinterlassen Sie doch einen Kommentar auf der
Seite unserer Online-Buchhandlung
und teilen Sie Ihre Favoriten in den sozialen
Netzwerken!

DARÜBER HINAUS

LITERATURVERZEICHNIS

- Certon, Noémie: „Qu'est-ce qui fait l'efficacité du storytelling?". In: Cellie.fr. https://www.cellie.fr/2013/03/20/storytelling-numerique-marque/ (4.1.2019).

- Dangel, Stéphane: Storytelling Minute. Eyrolles: Paris 2014.

- Denning, Steve: The Springboard: How Storytelling Ignites Action in Knowledge-Era Organizations. Routledge: New York 2011.

- Durand, Sébastien: Storytelling. Rénchantez votre communication. Dunond: Paris 2011.

- Zitat von Sartre. In: Strategisches Storytelling. Die Kunst, Storys für Ihren Erfolg zu nutzen. https://www.strategisches-storytelling.de/die-50-besten-storytelling-zitate/ (14.01.2019).

WEITERFÜHRENDE LITERATUR

- Hockling, Sabine: „Gezieltes Storytelling in Bildern" (21.3.2016). In: Zeit Online. https://www.zeit.de/karriere/beruf/2016-03/instagram-unternehmen-image-personalsuche-employer-branding (14.01.2019).

- Kals, Ursula: „Die Prinzessin auf der Erbse als Trainee" (30.9.2010). In: Frankfurter Allgemeine. https://www.faz.net/aktuell/beruf-chance/beruf/storytelling-die-prinzessin-auf-der-erbse-als-trainee-11410929.html (14.01.2019).

ISBN digitale Ausgabe: 9782808013840

ISBN gedruckte Ausgabe: 9782808013857

Pflichtexemplar: D/2018/12603/451

Cover: © Plurilingua

- Digitale Aufbereitung: Primento, der digitale Partner der Herausgeber